GW00502153

Diseño de CASAS

H KLICZKOWSKI

Idea y concepto: **Paco Asensio y Hugo Kliczkowski**

Edición: **Susana González**

Dirección de arte: **Mireia Casanovas Soley**

Diseño gráfico: **Emma Termes Parera**

Maquetación: **Soti Mas-Bagà**

Copyright para la edición internacional:

© H Kliczkowski-Onlybook, S.L.

La Fundición, 15. Polígono Industrial Santa Ana

28529 Rivas-Vaciamadrid. Madrid

Tel.: +34 91 666 50 01

Fax: +34 91 301 26 83

onlybook@onlybook.com

www.onlybook.com

ISBN: 84.96137-40-6

D.L.: B-24.624-2003

Proyecto editorial

LOFT Publications

Via Laietana, 32 4º Of. 92

08003 Barcelona. Spain

Tel.: 0034 932 688 088

Fax: 0034 932 687 073

e-mail: loft@loftpublications.com

www.loftpublications.com

Impreso en: Rotocayfo - Quebecor - España

Mayo 2003

La arquitectura residencial es una tipología paradigmática en cuanto a la evolución se refiere. En un principio su propósito no iba más allá era proporcionar a sus habitantes refugio y calor, pero en nuestros días han llegado a significar algo muy personal. El lugar donde habitamos, donde nos refugiamos del resto del mundo, donde disfrutamos de nuestra intimidad es reflejo de nuestros gustos, nuestros valores y también de nuestra personalidad. Además, constituye un campo de experimentación privilegiado para examinar de cerca los sueños domésticos de nuestros días, el medio para investigar nuevas formas de vida, especular sobre los cambios en el entorno familiar, social e incluso laboral. En definitiva, la concreción de los intereses, las ansias y los caprichos tanto del comprador y como del arquitecto.

En este volumen aparecen 15 proyectos localizados en diferentes partes del mundo que, aunque con divergencias obvias, presentan una serie de características comunes.

Todos ellos muestran un marcado respeto hacia el entorno, en la manera en que las construcciones se posan sobre el territorio, cómo lo afectan, lo distorsionan y lo embellecen.

En general son construcciones de marcada ligereza, propiedad que nace de la determinación de eliminar los elementos superfluos de cualquier proceso creativo.

Por otro lado, se observa una acierto en la elección de los materiales. Aparte de fijar las tonalidades, la reflexión de la luz y las texturas de los acabados, los materiales completan la imagen definitiva de la casa y confieren al espacio múltiples sensaciones. Por supuesto, los materiales también rigen la durabilidad del edificio y su mantenimiento, aspectos prácticos tan importantes o más que los puramente perceptivos.

Las residencias que aparecen en el libro apuntan direcciones divergentes y, sin embargo, todas sorprenden por sus cualidades constructivas y el repertorio de sensaciones que ofrecen. Son las casas donde cualquiera soñaría vivir.

Casa Into

Arquitecto: **Jyrki Tasa**   *Localización:* **Espoo, Finlandia**   *Fotógrafos:* **Jussi Tianen, Jyrki Tasa**

Este proyecto de Jyrki Tasa
se erige como la combinación
de un ejercicio poético
y un desarrollo racional

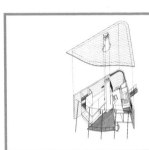

El solar está ubicado en una colina elevada orientada a oeste, hacia el mar. La casa aparece ligera sobre la roca, agarrada a ella y protegida por un muro blanco y curvo que se extiende hacia el sol del atardecer. El perfil de la construcción se despliega como un abanico que encierra, por una parte, una vivienda cálida y acogedora y excluye, por otra, la fría orientación a norte.

El edificio está claramente organizado en sectores, pero esta distribución metódica y práctica no implica una rigidez inerte, ya que el empleo del acero, poderoso y poético, y de la madera, bella y complaciente, constituyen unos acabados cálidos y acogedores.

La carretera conduce al visitante a la parte trasera de la casa, conformada por el muro blanco y protector. La sinuosidad del camino permite percibir a intervalos, y sólo parcialmente, los aleros ondulantes y las altas columnas de la fachada oeste, que anuncia el carácter binario de la casa.

La entrada principal es un corte de cristal en la fachada al que se accede por un puente metálico que cruza la piscina.

El vestíbulo actúa como nexo de unión visual y funcional de todas las estancias de la casa. Su gran altura y sus cerramientos acristalados ofrecen unas magníficas vistas.

Cabaña en la masía Masnou

Arquitectos: **Jordi Hidalgo y Daniela Hartmann** *Localización:* **Girona, España** *Fotógrafo:* **Eugeni Po**

Esta obra evoca el pasado arquitectónico de la cabaña y se expresa con un lenguaje formal contemporáneo

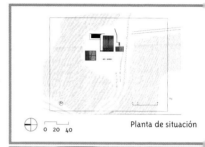

0 20 40

Planta de situación

La cabaña es una sencilla construcción de planta rectangular y cubierta a dos aguas. Es una edificación exenta que forma parte integrante del conjunto de la masía Masnou, un complejo rural ubicado en el corazón del parque natural de la zona volcánica de la Garrotxa, en Girona.

La construcción se erigía a base de mampostería que combinaba la piedra volcánica habitual en la zona y mortero de cal. Las fachadas, en gran parte ciegas, cambiaban de material en la primera planta, donde se aplicaba la construcción con ladrillo cerámico intercalado. Esta transformación proporcionaba una ventilación muy intensa a este nivel del cobertizo. Se accedía a este piso mediante una escalera exterior adosada a la fachada.

La intervención en la edificación existente consistió en la colocación de una pieza de acero perforado que reposa sobre un volumen de dimensiones similares, oculto bajo el nivel principal tras los muros de mampostería. Partiendo de esta estrategia simple pero contundente, la vivienda se desarrolla en tres plantas construidas sobre una estructura propia de acero. Este sistema portante es independiente de las paredes originales, de las que se retrasa un metro, creando unas franjas laterales a lo largo de las fachadas norte y sur.

Casa Crescent

Arquitecto: **Ken Shuttlerworth**   *Localización:* **Wiltshire, Reino Unido**   *Fotógrafo: Nigel Young*

La vivienda se pintó enteramente de color blanco para evocar las construcciones tradicionales de la zona

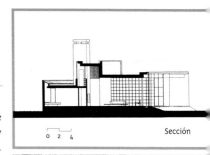

Sección

Ken y Seana Shuttleworth sentaron las bases de lo que debía ser su hogar: un espacio amplio y luminoso, funcional y comprometido con el lugar. El desarrollo del proyecto llevó a una edificación modesta y austera que refleja los múltiples contrastes que ofrece el solar y su contexto histórico.

La parcela está situada en el corazón de Wiltshire, una de las zonas rurales más bellas de Inglaterra. Las deterioradas construcciones existentes se demolieron y, para maximizar las vistas, se situó la casa en el extremo noroeste del terreno.

Se accede a la finca a través de una puerta escondida entre los árboles. Un gran muro curvo acompaña al visitante, enfatizando la dirección del acceso y desviando las miradas hacia el magnífico jardín. La totalidad de la residencia se percibe al llegar al extremo del muro: dos medias lunas conectadas por una galería de doble altura en el extremo de la cual está la entrada.

Todos los espacios privados están ubicados en el hemiciclo orientado a noroeste, que se diseñó opaco para resguardar la edificación del viento y de las vistas indeseadas. Las habitaciones, los baños y los vestidores ocupan estancias pequeñas y contemplativas que se iluminan cenitalmente.

El semicírculo orientado a sudeste abarca las vistas del jardín y las ofrece a la vivienda a través de una fachada totalmente acristalada.

Casa prefabricada

Arquitecto: **Andreas Henrikson**   *Localización:* **Halmstad, Suecia**   *Fotógrafo: Andres Henrikson*

El reto consistía en diseñar una estructura que pudiera instalarse en cualquier lugar y que fuera apta para distintos usos

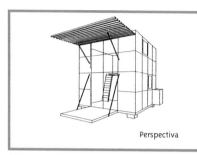

Perspectiva

La imagen exterior de este proyecto, consistente en una pequeña casa móvil, multifuncional y que según el arquitecto hace referencia a una caja mágica, ha contribuido a que se le haya dado el nombre de Caja Negra. La idea parte del propio arquitecto, quien además de promotor es el constructor del proyecto. La caja puede ser usada como pequeño refugio, estudio, pequeña residencia de verano, pabellón, oficina o vivienda para un estudiante. Cada propietario puede definir el uso que va a otorgarle según sus necesidades y localización que desee.

La estructura consiste en un sistema simple de marcos de madera liviana, que forman una trama ortogonal en tres dimensiones, forrada por noventa paneles aglomerados de forma cuadrada. Cada panel tiene una capa de contrachapado tanto en el interior como en el exterior que facilita la construcción o el desmontaje de la caja gracias a sus proporciones y detalles de ensamblaje. El techo está cubierto por una membrana de goma que mantiene la casa aislada de las variables climáticas y el agua.

También se buscó crear un objeto autosuficiente en cuanto a su consumo energético. La casa está completamente desconectada de las redes de suministros y servicios.

Casa Steinhauser

Arquitectos: **Marte.Marte Architekten** *Localización:* **Fussach, Austria** *Fotógrafo: Ignacio Martínez*

El edificio se emplaza al borde del canal y su tipología responde a la predominante en el resto de las casas que lo circundan

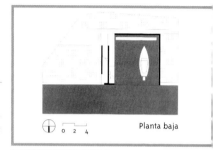

Planta baja

La singularidad en el lenguaje formal de esta casa tiene su origen en los requerimientos de punto de partida: había que complementar el programa de vivienda con el aparcamiento para botes a orillas de un canal navegable. La clara referencia a la construcción náutica llevó a los arquitectos a diseñar un volumen compacto construido a partir de paneles de aluminio.

La envolvente metálica que recubre la casa se ve interrumpida por dos grandes aberturas, en los costados norte y sur, y corresponde al espacio de la sala de estar, de forma que crea una gran sensación de amplitud. Una puerta desplegable, también metálica, esconde el acceso al aparcamiento para botes en la planta baja.

En el interior también se emplean materiales que permitieron una construcción ligera y rápida pero que al mismo tiempo otorgan calidez al espacio. Para recubrir el suelo, los muebles de la cocina y el cuerpo central que aloja la chimenea se utilizó un revestimiento de paneles de hormigón en un color rojo oscuro. El baño y las habitaciones están agrupados en una crujía en la parte oeste de la casa. La disposición de las circulaciones internas obligan a recorrer todo el espacio.

Casa en Torrelles

Arquitecto: **Rob Dubois**   *Localización:* **Barcelona, España**   *Fotógrafo: Jordi Miralles*

*El volumen compacto de esta casa
de recreo viene dado por las frágiles
características del paisaje
en el que se emplaza*

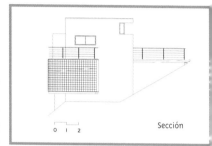

Sección

A pesar de tratarse de un denso bosque y disfrutar de espléndidas panorámicas naturales, el terreno registra gran fragilidad debido a su composición geológica y su proximidad al denso desarrollo urbano de Barcelona. La casa adopta una forma reducida, produciendo un esquema en vertical, y se acerca bastante a la vía que limita el solar en la parte norte para así afectar al mínimo el terreno en donde se implanta.

La geometría del edificio está basada en dos cuñas que encierran una forma rectangular. Las cuñas de los extremos albergan los espacios de servicios, como cocina y baños, y el rectángulo compone los espacios principales como la sala de estar y las habitaciones. El lenguaje formal de la casa se enriquece a partir de la relación entre las formas rectilíneas del cuerpo central y las curvas de los extremos del edificio. Para la orientación general de los espacios principales se ha utilizado el eje longitudinal del solar, creando panorámicas largas sobre el propio terreno y el valle en la parte norte de la vivienda.

El programa de la casa se desarrolla en tres plantas que conectan los niveles inferior y superior del solar. El acceso peatonal se produce por la planta superior, a través de una escalera metálica ligera que se posa en el terreno y da acceso a una angosta pasarela, que hace las veces de balcón mirador.

Casa Cristofolini

Arquitecto: Giuseppe Caruso   **Localización:** Ginebra, Suiza   **Fotógrafo:** Matteo Piazza

> *En esta casa se respira un gran respeto por la madera y las formas arquitectónicas rurales propias de la zona*

Alzado

La restauración de esta histórica casa datada en 1761, ampliada con la construcción de una granja en 1878, ha buscado recuperar la estructura original y, al mismo tiempo, destacar la monumentalidad de los aspectos arquitectónicos característicos de las edificaciones agrícolas de la región en la que se ubica.

Para recuperar el volumen interior original, se han demolido algunas paredes y se ha devuelto su estética primitiva al lugar destinado a alimentar el ganado y guardar el forraje, para convertirlo en un imponente vestíbulo de 15 metros de altura. Además, se ha reconstruido la fachada respetando la tipología de las construcciones agrícolas típicas del cantón de Vaud, como el gran portón dividido en cuatro ventanas o la pequeña puerta con la ventana adyacente.

Para evidenciar la importancia y el impacto visual de las estructuras de madera (puertas, vigas, escaleras, barandillas), se ha utilizado un sistema de focos que remarcan su textura a la vez que iluminan las zonas de paso. En el primer piso se ha elegido un pavimento de piedra de Borgoña mezclada con cemento y resina, que reproduce la forma de la piedra local.

Elgin Crescent

Arquitectos: Michaelis Boyd Associates **Localización:** Londres, Reino Unido **Fotógrafo:** Gunnar Knecht

La simplicidad en las formas y en los materiales es la característica predominante de esta elegante residencia londinense

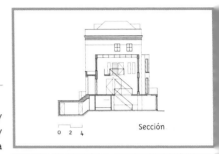

Sección

0 2 4

El proyecto buscó la simplicidad de líneas y materiales, confiriendo una atmósfera limpia y serena a los distintos volúmenes sin perjudicar la racionalización del espacio.

En la planta inferior y tras una amplia excavación se ganó terreno para albergar el lavadero, el cuadro eléctrico central, la bodega, la sala de la caldera y el zapatero. En esta misma zona se encuentra la cocina, abierta a una terraza exterior. Parte del techo del sótano es de cristal para facilitar la entrada de luz.

El resto de las estancias se distribuyó entre los cuatro niveles restantes. La planta baja consta de una amplia y despejada sala de estar y el recibidor. En el primer piso se ha ubicado una gran suite con baño y vestidor. Los dos niveles superiores mantienen una estructura semejante, al organizarse las habitaciones a ambos lados de la escalera de madera de roble que los comunica. En las estancias pertenecientes a los niños se ha utilizado mobiliario hecho a medida y pavimento de corcho coloreado.

Sobre la escalera del segundo piso destaca el tejado de cristal.

Villa Råman

Arquitectos: **Claesson Koivisto Rune Arkitektkontor**   *Localización:* **Suecia**   *Fotógrafo:* **Patrik Engquist**

La sobriedad y los espacios amplios son las principales características de una tradicional escuela rural sueca convertida en vivienda

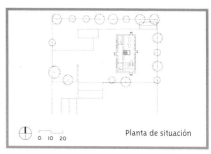

Planta de situación

Una típica escuela rural, situada en el sur de Suecia, es hoy el hogar de una ceramista y su marido. Originalmente, el edificio contaba con dos clases en la planta baja y un gimnasio en su planta superior. Los autores del proyecto han creado espacios amplios y despejados, de líneas casi minimalistas, donde impera el color blanco y se respira una austeridad casi monacal.

En el primer piso se han dispuesto el dormitorio principal y las habitaciones de invitados, mientras que las dos aulas se han transformado en la cocina, el comedor y el estudio. Para separar estas dos últimas estancias se utilizan puertas de cristal correderas con marco de acero, que dejan pasar la luz y no impiden la visión.

El pavimento de madera de pino ha sido blanqueado con aceite, mientras que el suelo del cuarto de baño se ha cubierto con gres. La visión exterior de la casa está marcada por la repetición de grandes ventanales dispuestos a lo largo de las fachadas y por las pequeñas escaleras que conducen a las puertas de acceso a la vivienda.

Depósito de agua

Arquitectos: Jo Crepain Architects   **Localización:** Brasschaat, Bélgica   **Fotógrafo:** Sven Everaert

Esta vivienda es un magnífico ejemplo de reciclaje: un antiguo depósito de agua se ha convertido en un confortable hogar

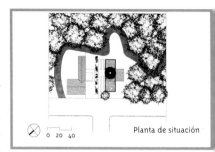

0 20 40   Planta de situación

La estructura cilíndrica de un depósito de agua, situado en un bosque de Bélgica cercano a un arroyo, se convirtió en una original vivienda en vertical de uso individual.La construcción de hormigón, de cuatro metros de altura, se dividió en una sucesión de plataformas cuadradas, apoyadas en unas columnas verticales, con un solo nexo de unión: una escalera metálica que recorre toda la altura de la torre.

El arquitecto y paisajista Jo Crepain eligió para la reforma materiales puros y austeros como el cemento pulido, el cristal y el metal, que permiten conservar el espíritu de la estructura original e integrarla en el paisaje.

La intervención distribuye la base de la torre, de forma rectangular y más ancha que las plataformas superiores, en dos alturas para las zonas de más uso: la cocina, el comedor y el dormitorio principal. Las plantas superiores se destinaron a la oficina, un dormitorio de invitados, un pequeño jardín de invierno y una sala de reuniones. Tanto la ubicación y altura de la torre como los materiales utilizados en su exterior —cristal Reglit y vidrios dobles transparentes— convierten cada rincón en un espacio privilegiado, abierto a la luz y a la naturaleza.

Casa Nirvana

Arquitecto: **Jordi Casadevall**   *Localización:* **Valldoreix, España**   *Fotógrafo:* **Jordi Miralles**

La casa Nirvana apuesta con éxito por el diálogo con los elementos del paisaje que la circundan

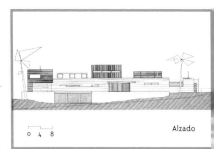

Alzado

Esta casa está situada en la tranquila Valldoreix, a escasos kilómetros de Barcelona, y responde a un programa de vivienda unifamiliar para un solar de más de 3.000 m². La propuesta se desarrolla estratégicamente en la zona más elevada del terreno, junto al límite norte de la parcela. Se preserva así parte de la población de pinos mediterráneos preexistente, eficaz contra el calor y de gran valor medioambiental.

La vivienda se define en planta baja como un rígido paralelepípedo de acabado pétreo de 40 m de largo. Sobre este zócalo se colocan dos cuerpos cúbicos metálicos, que albergan los espacios para propietarios e invitados y convierten la cubierta plana en un espacio exterior con carácter propio. Su posición desencajada respecto a la base y el intencionado contraste de materiales y color entre ambos elementos enfatizan sus respectivas propiedades. De este modo, la solidez y rigidez del zócalo quedan resaltadas por la existencia de los pabellones, que aportan ligereza y movimiento al conjunto.

Las entradas a la vivienda se producen en su mayoría en planta baja, desde el norte e independientes del acceso rodado. La madera aparece asociada a estos accesos, llegando a su máxima expresión en la entrada principal, único cuerpo añadido al zócalo de piedra.

Casa Dayton

Arquitectos: **Vincent James Associates**   *Localización:* **Minneapolis, Estados Unidos**   *Fotógrafo:* **Don Wor**

*La originalidad de esta casa
multifuncional se basa en el hecho
de que, pese al complejo programa,
goza de serenidad visual*

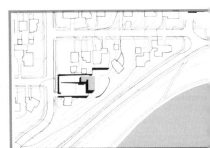

Ubicada en las afueras de Minneapolis en un jardín de esculturas, conjuga sólidos y vacíos volumétricos. La rigidez de la edificación desaparece cuando las particiones acristaladas se deslizan entrando en las paredes macizas, dejando que las brisas del lago adyacente crucen la casa. La genialidad de la casa radica en la simplicidad que aparenta.

James partió asimétricamente el solar: el terreno elevado al noreste, el camino rodado y las terrazas al sudoeste. El tramo de la construcción actúa como muro de contención y acoge el garaje y los espacios de servicio. La zona perpendicular a este muro incluye el comedor y la sala de estar en la planta baja y los dormitorios en la primera. Un pasillo visual disecciona el patio de acceso y excava un vacío de dos plantas en la edificación, desde la entrada hasta el jardín que da al lago.

En este proyecto los muros recuperan fuerza y autonomía y ganan importancia.

Casa Wierich

Arquitecto: **Döring, Dahmen & Joeressen** *Localización:* **Alemania** *Fotógrafos:* **Stefan Thurmann, Gruner & J**

La intervención en el jardín anticipa el cuidado que pusieron los arquitectos en el diseño de todas las partes de la casa

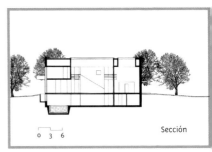

Sección

0   3   6

La residencia está ubicada en la zona norte del Ruhr y ocupa la cuarta parte de una parcela de 1.600 m². El proyecto nace de decisiones claras y contundentes que ordenan el desarrollo para que cualquier excepción se convierta en deleite para los habitantes. La primera de estas decisiones fue concentrar el programa funcional en un cuerpo de planta rectangular que rompe su ortogonalidad para poder orientar la sala de estar y el comedor a sudoeste.

La estructura también es consecuente con la naturaleza del proyecto. Así, el cuerpo principal es de hormigón armado, para poder compensar constructivamente los empujes de los desniveles del terreno. El triángulo añadido que acoge la sala de estar y el comedor es de acero y capta la luz natural gracias a una fachada enteramente acristalada.

La planta baja de la edificación incluye la parte más extensa de un complejo programa funcional. Las estancias de los habitantes y las del servicio están separadas por el hueco de la escalera y el ascensor. Esta conexión vertical comunica los distintos niveles de la casa, desde la bodega y el garaje hasta la planta superior, y actúa también como patio de luz, ya que sus límites están enteramente acristalados.

Casa Schickert

Arquitectos: **Döring, Dahmen & Joeressen**   *Localización:* **Meerbusch, Alemania**   *Fotógrafo:* **Manos Meise**

Wolfgang Döring responde de manera inteligente y sutil a las preexistencias y los requerimientos del proyecto

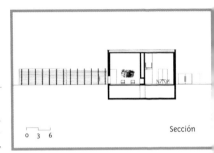

0 3 6

Sección

A primera vista, la vivienda aparece como una residencia unifamiliar típica: un programa convencional acogido en una edificación sencilla y contemporánea rodeada de un generoso jardín.

Desde la calle, en el lado norte, se accede a la edificación por un patio rectangular. Este primer espacio abierto actúa como filtro entre la zona pública urbana y la privacidad de la vivienda. El arquitecto ofrece un primer descanso a los vigores de la ciudad.

Desde un primer momento se rechazaron los huecos en la fachada de la calle. El objetivo principal era dar la espalda a una periferia, y crear un espacio privado y repleto de distracciones estéticas pensadas para el disfrute de los ocupantes. De este modo, algunas de las ventanas se disponen a alturas limitadas para que el espectador sólo observe el jardín.

El sistema constructivo de la casa responde a una organización estricta: bloques ligeros y aislantes se combinan con los acristalamientos de los huecos y la estructura metálica que soporta el nivel de la terraza. El diseño del jardín completa una casa que pretende ser un reflejo de la forma de vida de sus ocupantes y que es un verdadero privilegio de luz y de espacio.

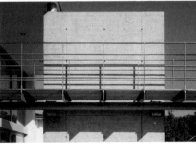

Casa P

Arquitectos: **Pauhoff Architects**   *Localización:* **Gramastetten, Austria**   *Fotógrafo:* **Matteo Piazza**

El valor del proyecto radica en la elección de materiales, el control de texturas y detalles y la forma de implantación en el paisaje

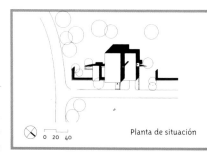

Planta de situación

0 20 40

Esta casa unifamiliar diseñada por los arquitectos Michael Hofstätter y Wolfgang Pauzenberg reposa en la campiña austriaca, entre campos ondulantes manchados por árboles y con unas colinas casi mediterráneas de fondo.

El proyecto implica un proceso de reducción estilística en un hábitat humano que sólo puede ser entendido como el resultado de otro proceso extremadamente delicado y emocionalmente traumático. Esto explica la sensación de incomodidad que sorprende al espectador que observa o intenta entender las premisas de un sistema arquitectónico constituido por líneas y superficies minimalistas.

La aparente simplicidad de estas formas geométricas esconde la dificultad de idear un sistema complejo de espacios interiores y exteriores, separados únicamente por particiones finas y pantallas cuidadosamente ubicadas. La reducción radical de formas geométricas parece crear, por una parte, un acercamiento estilístico hacia la simplicidad más depurada y, por otra, una infinidad de posibles puntos de vista que descubren un diseño altamente complicado.

La vivienda se lee como un volumen formado por dos bloques. Uno pulido, etéreo y sin apoyos visibles, revestido con placas de aluminio, que levita sobre otro mayor, rugoso y pesado, de hormigón visto. Entre ambas cajas se reparte un programa residencial convencional.